Die Veranlassung diese Baubeschreibungen zu erstellen, waren häufig gestellte Fragen zu meinen selbstgebauten Segelwagen.

Diese Fragen bezogen sich auf die Materialien, die Konstruktionen, die Kosten, den Zeitaufwand usw.

In der Hoffnung, dass diese Baubeschreibungen gut verständlich sind und somit für den Ein oder Anderen zu einem erfolgreichen und zufriedenstellenden selbstgebauten Segelwagen führt, wünsche ich viel Erfolg.

Rolf Urbansky

Strandsegler

Mini Yacht 5.6

Bauanleitungen

© 2020 Rolf Urbansky

Verlag & Druck: tredition GmbH, Hamburg
Halenreie 40-44 / 22359 Hamburg

ISBN 978-3-347-12559-9 (Paperback)
ISBN 978-3-347-12560-5 (Hardcover)
ISBN 978-3-347-12561-2 (e-Book)

Inhaltsverzeichnis

Vorwort

Dieses Buch gibt eine Beschreibung wie eine Mini Yacht 5.6 selber gebaut werden kann.

Aufbauend auf den Erfahrungen aus dem Bau von Strandseglern der Klasse 5, wurden zwei Mini Yachten entworfen und gebaut.

Diesen beiden Strandseglern liegen zwei Ansätze zu Grunde. Zum Einen sollten die Erfahrungen aus der Klasse 5 übernommen werden, zum Anderen sollte ein möglichst flexibler und zerlegbarer Rahmen entstehen. Der Bau des Rahmens aus Quadratrohr erwies sich als einfacher, da auf kompliziert zu schleifende Rundungen verzichtet werden kann. Die einzige Rundung, die noch erforderlich ist, ist die Rundung für den Steuerkopf im Quadratrohr.

Gegenüber einem Klasse 5 Segler ist die Mini Yacht etwas schmaler und kürzer. Da üblicherweise das gleiche Segel gefahren wird, es sei denn man fährt ein 8 Quadratmeter oder ein kleineres Segel, gelten die gleichen Verhältnisse.

Die Mini Yacht 5.6 wird in jedem Fall bei mehr Wind nicht so stabil segeln. Das Segel sollte auf dem Wagen so positioniert sein, dass der Lateralplan ausgeglichen ist. Das bedeutet, dass der Segler nicht zu stark über das Vorderrad oder die Hinterachse zur Seite gedrückt werden sollte. Dies kann über die Position des Mastkokers beeinflusst werden. Auch die Mastneigung wirkt sich hierauf aus. Natürlich hat auch die Sitzposition des Piloten einen erheblichen Einfluss. Der erste Rahmen, der gebaut wurde und beschrieben wird, hat die gleichen Konstruktionsmerkmale wie die Rahmen der gebauten Klasse 5 Strandsegler.

Alternativ dazu wurde eine zweite Lösung entwickelt, die eine höhere Flexibilität ermöglicht. Diese Lösung hat den Vorteil, dass der Rahmen des Segelwagens zerlegbar ist. Dies ermöglicht den Austausch einzelner Baugruppen und eine bessere Anpassung an den Piloten. Es ermöglicht auch eine Optimierung der Segeleigenschaften. Abweichend von dem komplett verschweißten Rohrrahmen aus rundem Rohr, wird hier rundes Rohr für Achsen und Koker und quadratisches Rohr für das Hauptrohr und die verschiebbaren Teile gewählt, wie Kokerkonsole und Fußsteuerung.

Y-Rahmen aus Rundrohr

Das Herzstück des Strandseglers ist der Rahmen. Man kann diesen aus Stahl bauen und später verzinken. Ich bevorzuge Edelstahlrohre und zwar VA 1.4571 oder 1.4541 .

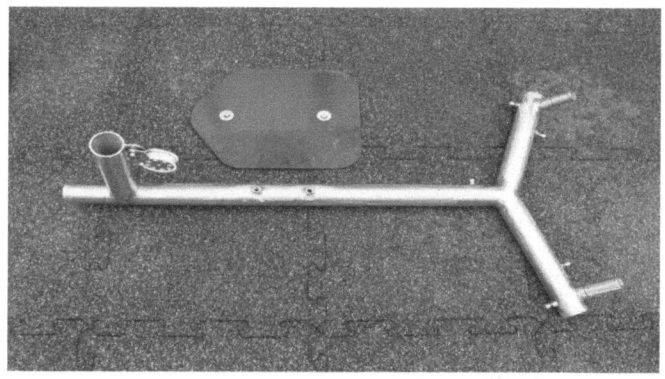

Ausgehend von 50 mm Achsendurchmesser und 50 mm Mastdurchmesser aus Aluminium F50 bieten sich handelsübliche Rohrdurchmesser von 57x2,9 mm oder 60,3x2,9 mm an. Soll später ein Carbonmast gefahren werden, muss das Rohr für den Koker eine lichte Weite von 54,5 haben.

Bei einem Rohrdurchmesser von 57x2,9 mm passen die 50 mm Rohre direkt in den Rahmen.

Zur Vermeidung von Kontaktkorrosion bei Aluminiumachsen wähle ich bevorzugt Rohre mit einem Durchmesser von 60,3mm und einer Wanddicke von 2,9 mm. Dies sind Rohre, die im Handel erhältlich sind. Hier besteht die Möglichkeit, durch ein passendes Kunststoffrohr als Isolation, die Kontaktkorrosion zu verhindern.

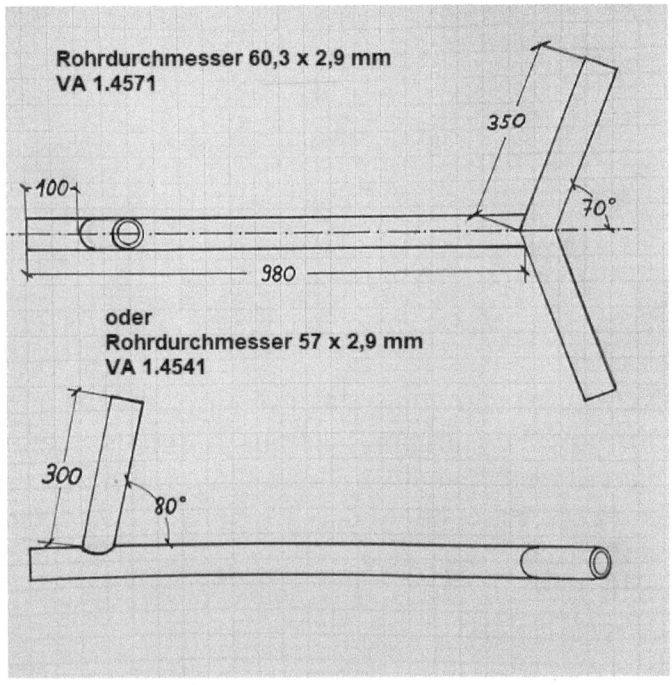

Man kann natürlich auch die Achsen aus Edelstahl machen, dann entfällt dieses Problem. Grundsätzlich ist zu überlegen ob man einen komplett geschweißten Rahmen bevorzugt oder einen zum Teil geschraubten Rahmen wählt. Einige Hersteller bieten so etwas an. Mit über Flansche angeschraubte Achsen und Mastkoker hat dies den Vorteil der Auswechslung und Verstellbarkeit. Die hier abgebildete Lösung ist ein verschweißter Rahmen.

Dieser erprobte Rahmen ist von der Konstruktion meiner Klasse 5 Segler übernommen und modifiziert worden.

Diesen Rahmen haben wir mehrmals gebaut und gesegelt und diese haben sich bis heute bewährt.

Zur Geometrie des Rahmens, insbesondere die Pfeilung der Achsen, ist einiges zu berücksichtigen.

Eine Pfeilung von 20 Grad der Achsen wird bei einer aufrechten Sitzposition gewählt, wie im vorgestellten Modell.

Will man mehr liegen empfiehlt sich eine 30 oder 45 Grad Pfeilung.

Je größer die Pfeilung ist, umso mehr wandern die Räder nach hinten und man kann den Sitz innerhalb der Vermessungsvorschriften nach hinten verlagern.

Ein weiterer Effekt ist die höhere Elastizität der Achsen, die die Spur des belasteten Rades öffnet.

Dadurch lenkt das belastete Rad nach außen und der Segler luvt an.

Geringe Pfeilung ergibt eine höhere Steifigkeit des Rahmens und einen stabileren geraden Auslauf.

Stark gepfeilte Achsen führen zu einem ausgeprägten Eigenlenkverhalten.

Diese Entscheidung muss jeder für sich persönlich treffen.

Eine weitere Folge stark gepfeilter Achsen ist ein kürzeres Rohr hin zum Mastkoker, da die Länge des Wagens durch die Vermessung vorgegeben ist.

Durch das kürzere Rohr wird die Verdrehung des Mastkokers geringer.

Neben der einfachen Konstruktion eines Y-Rahmens mit Koker haben sich speziell die Franzosen komplizierte Lösungen erdacht.

Hierbei wird das Y beweglich gestaltet, um damit die Hinterachsspur zu beeinflussen.

Die hier zum Selbstbau vorgeschlagene Rahmengeometrie stellt einen Kompromiss dar.

Zum Zuschneiden der Rohre wird vorzugsweise eine Kappsäge mit Flexscheibe verwendet.

Zum Positionieren der Teile zum Verschweißen empfiehlt sich eine Spanplatte, auf der man die Rahmengeometrie aufzeichnet und mit aufgeschraubten Klötzen die Rohre fixiert. Auf der Spanplatte sollte nur geheftet werden.

Das Schweißen sollte dann auf einer feuerfesten Unterlage erfolgen. Verwendet wurden ummantelte V4A Schweißelektroden 2,5 mm Stärke und geschweißt wurde mit einem kleinen handlichen Inverter Schweißgerät. Schutzgasschweißen ist natürlich auch möglich.

Bei den Schweißnähten sollte auf ausreichende Dicke geachtet werden, da die Naht nicht dünner sein sollte als das Material.

Die Achsrohre am Rahmen müssen breiter sein als die Sitzbreite.

Bei einer 20 Grad Pfeilung ergibt sich ein Rohr von 700 mm Länge , welches mittig mit 20 Grad getrennt wird.

Der Koker sollte ca. 300 mm lang und 10 Grad nach hinten geneigt sein. Das Mittelrohr ist 1000 mm lang und der Koker ist 850 mm vom Y entfernt.

Der Abstand der Aufsteckrohre richtet sich nach dem Rohrabstand der Sitzrohre.

Materialbedarf für den Rahmen: Mittelrohr 1000 mm, Achsrohre 700 mm und der Koker 300 mm. Gesamt 2000 mm Länge ergibt ca. 8 kg Rahmengewicht.

Die Achse wird bis auf die gewünschte Breite in den Rahmen gesteckt und mit zwei Schrauben M10 fixiert. Zum Einstellen der Spur können die Schrauben gelöst und die Achse verdreht werden.

Achsen mit Radbefestigung

Nach vorne drehen der Achse, Spur schließt sich.
Nach hinten drehen der Achse, Spur öffnet sich.
In der Grundeinstellung sollten die Räder paral-
lel laufen.

Es empfiehlt sich die Nullstellung, wenn beide
Räder parallel stehen, mit Hilfe von Schlitz und
Körnerpunkt zu markieren, so kann der Segler
schnell montiert werden.

Radbefestigung

Die Radbefestigung besteht aus einem Edelstahlrohr 52x2 mm Durchmesser und einem Flacheisen von 10 mm Dicke.In dem Flacheisen ist eine
Bohrung für den M20 Bolzen.

Der Winkel für das Achsrohr beträgt genau so 20
Grad wie der Rahmen. Zuzüglich der Gradzahl
für den Sturz der Räder. Es sei denn man hat für
den Rahmen einen anderen Winkel gewählt.Bei
großen Räder, z.b. Big Foot, ist es sinnvoll die 20
mm Bohrung im Flacheisen oberhalb des Achs-

rohres zu legen. Bei den für den Mini 5.6 Strandsegler vorgeschriebenen Schubkarrenrädern ist
eine Bohrung auf Höhe der Achse sinnvoll, da
dann genügend Bodenfreiheit besteht.

Will man den Achsbolzen in die Achse führen,

muss das Loch vor dem Anschweißen gebohrt
sein. Die Mutter muss auch vorher von hinten an
dem Flacheisen angeheftet sein.

Es ist auch möglich nach hinten ein Flacheisen
mit Bohrung anschweißen, dann hat man die
gleiche Höhe und die Mutter liegt frei.

Ein Sturz der Räder vom 3 bis 5 Grad ist zu empfehlen, da die Räder durch den Winddruck ein-
seitig belastet werden.

Radbefestigung mit Achsbolzen

Wir haben immer Bolzen mit Mutter und Distanzhülse am Rad gewählt. Hier kann mit Bolzen und Muttertausch ein beschädigtes Gewinde sofort ersetzt werden. Es ist auch nicht erforderlich ein Gewinde M20 zu schneiden.

Gewählt wurden für beide Radgrößen Bolzen M20 mit Muttern, so bleibt alles austauschbar. Diese Teile werden im Handel angeboten.

Falls noch größere Räder gefahren werden sollen, verwendet man ein längeres Flacheisen mit entsprechender Bohrungen.

angeheftete Mutter M20

Zwischen dem Flacheisen an der Achse und dem Radlager ist eine Distanzscheibe. Das freistehende Gewinde ist hier noch zu lang und muss noch gekürzt werden. Soll der Wagen höher stehen wird die Schraube in das untere Loch des Flacheisens mit der dahinter angehefteten Mutter geschraubt.

Einstellung der Spur am Strand

Hier empfiehlt sich die Peilmethode mit Hilfe eines Rohres auf einen entfernt befindlichen Pfahl. Dies ist aus der Abbildung ersichtlich. Das Rohr sollte ca. 1Meter lang sein.

Pfahl in 500m
Entfernung   Rohr 12 mm

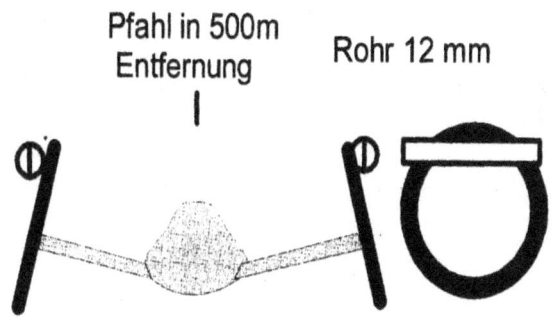

Diese Methode dient zur Kontrolle nach dem Zusammenbau am Strand.

Grundsätzlich sollte die Spur und die Symmetrie des Rahmens mit den eingesteckten Achsen und Radbefestigungen auf einer ebenen Fläche mit den geeigneten Messmitteln eingemessen werden.

Vorderrad und Lenkung

Große Sorgfalt sollte man bei dem Bau des Vorderrades und der Lenkung verwenden.

Wenn das Vorderrad abbricht ist die Crashgefahr am größten.

Für das Vorderrad empfehlen wir als Gabelmaterial V4A Flachstahl.

Der ist kostengünstig und lässt sich sehr gut mit einer 1mm Flexscheibe für Edelstahl ausschneiden.

Um die gewünschte Geometrie darzustellen, bauen wir aus Holzklötzen und Spanplatten geeignete Hilfsschablonen zum Heften.

Den Steuerkopf fertigen wir aus VA Rohr mit mindestens 3mm Wandstärke. Für das Rohr, welches in den Rahmen gesteckt und mit einer Schraube geklemmt wird, wählen wir einen Durchmesser von 50 mm. Diese Klemmschraube kann, wenn man sicher ist das, das Vorderrad senkrecht steht, auch durch geschraubt werden.

Zwischen den beiden Rohren passt dann genau das Kunststoffrohr (siehe Abb.), welches ein Festfressen verhindert und den leichten Ein- und Ausbau ermöglicht.

Für das Lagerrohr empfehlen wir 4mm Wandstärke nahtlos. Der Innendurchmesser wird pas-
send für die Kugellager gewählt. Die Distanzhülse für die Lager kann entsprechend um die dop-
pelte Lagerbreite gegenüber dem Lagerrohr gekürzt im Rohr geheftet werden.

Für die Edelstahlkugellager gibt es entsprechen-
de Bundhülsen, um die Gabelbefestigung auf beiden Seiten zu distanzieren. Die Gabel wird dann
mit einer Durchgangsschraube M12 befestigt.

Lenkung

Die Lenkung ist nicht nur dafür da, dass man nach rechts und links fahren kann, sondern sie soll auch das Eigenlenkverhalten des Strandseglers beeinflussen.

Das bedeutet, wenn eine Böe einfällt muss der Segler luven, wie ein Segelboot im Wasser.

Das Boot im Wasser gleitet fast ohne Reibung. Das macht ein Strandsegler auf dem Sand nicht.

Es ist daher erforderlich, dass analog zur Hinterachse, wo sich unter Druck die Spur öffnet, das Vorderrad in den Wind dreht.

Dies ist jedoch nur möglich, wenn der Durchblickpunkt der Steuerung hinter dem Aufstandspunkt des Rades liegt.

Eine solche Lenkung hat die Eigenschaft relativ instabil zu laufen. Um dies zu verhindern verwendet man eine liegende Lenkung. (siehe Abb.)

Zusätzlich wird bei der Fußsteuerung die Gummimetalllagerung zu einer Dämpfung und Mittelstellung genutzt.

Drehpunkt und Aufstandspunkt sind ein Punkt,
also kein Eigenlenkverhalten

Lenkung dreht in den Wind

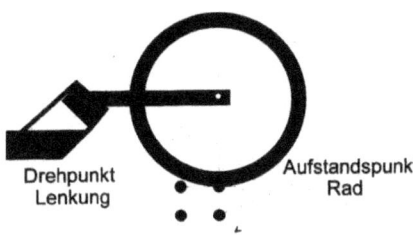

Drehpunkt   Aufstandspunkt
Lenkung   Rad

Wie stark dieser Luveffekt sein soll hängt sehr von der Sensibilität des Piloten ab.

Dies nennt ein Rennfahrer Set Up!

Um dies am Strand zu verändern, empfehlen wir mehrere Löcher in der Vorderradgabel. Durch Versetzen des Vorderrades nach vorn oder hinten verändert sich die Distanz zwischen Drehpunkt und Aufstandspunkt.

(siehe Foto S.22, Gabel)

Fußsteuerung

Das Vorderrad wird über eine Fußsteuerung ge-
lenkt. (siehe Abb.)

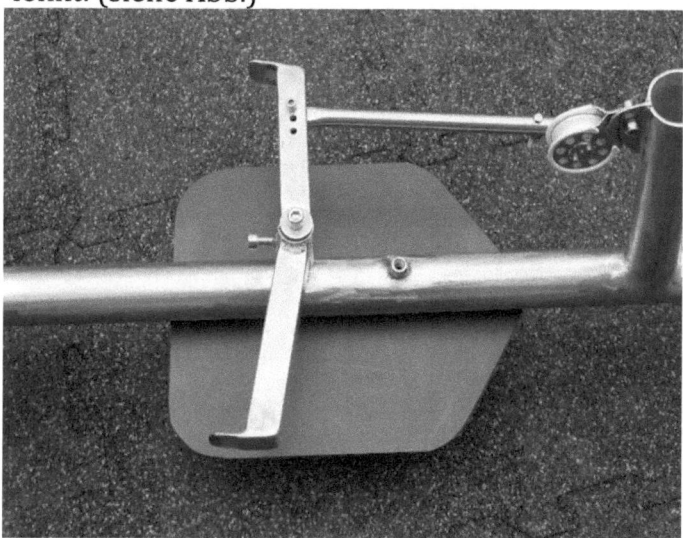

Die Kraftübertragung erfolgt über eine verstell-
bare Steuerstange. Für die Pedalerie sind verschiedene Varianten möglich. Hier wurde ein
Vierkantrohr 30x30x2 mm gewählt. Die Lagerung erfolgt über einen Gummi-Metallblock,
welcher mittig fixiert wurde, sodass sich die
Lenkung immer in den geraden Auslauf zurück
stellt.

Durch die Klemmschraube an der zweiteiligen Steuerstange ist eine Justierung möglich.

Ebenso kann durch verschiedene Gewindebohrungen die Fußsteuerung der Körpergröße des Piloten angepasst werden. Die Steuerstange wird hierzu ebenfalls verkürzt oder verlängert.

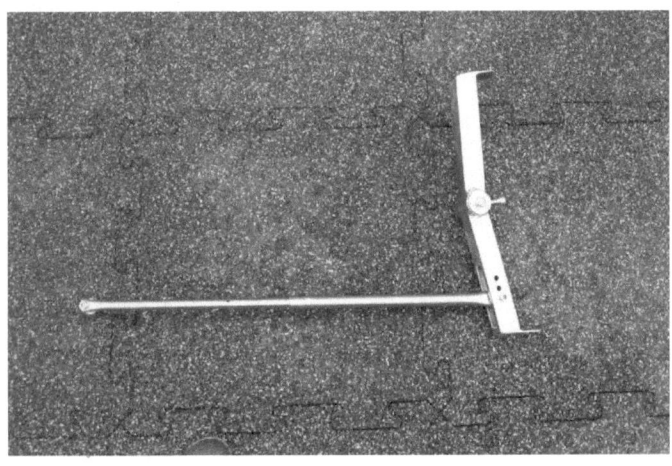

Die Pedale wird hierfür an verschiedenen Befestigungspunkten fixiert.

Sitz

Der Sitz besteht bei den meisten Miniyachten aus einem Rohrbogen, in dem ein Sitz mit Gurten befestigt wird.

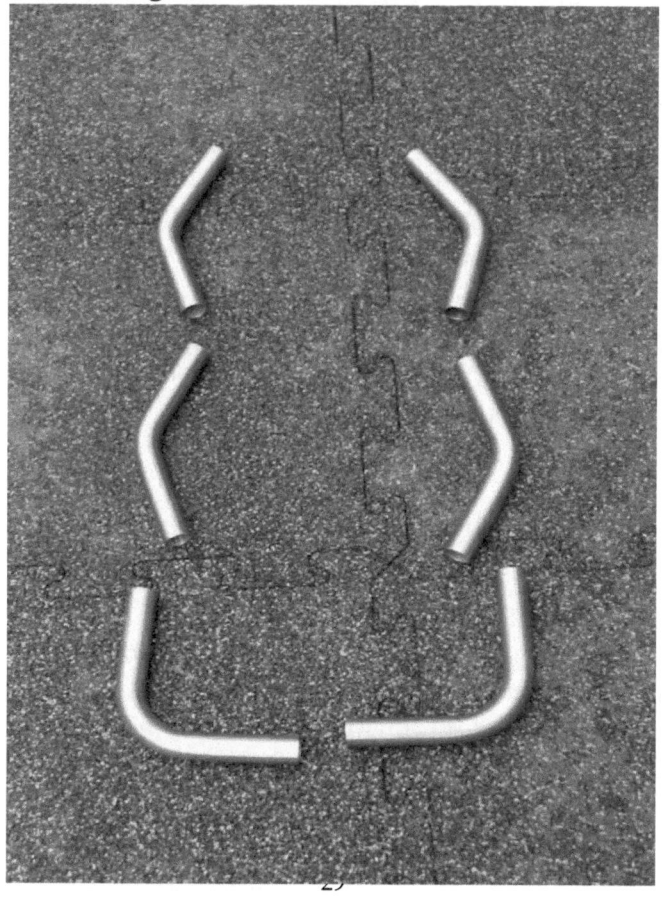

Alternativlösungen sind Sitzschalen oder Netz-stoffe, die über den Rohrrahmen gespannt wer-den.

Regattasegler bevorzugen sehr breite Sitze, da-mit sie das Gewicht nach Luv verlagern können. Sie wählen dann Netzstoffe, damit die Luft durchströmt und der Luftwiderstand nicht zu groß wird.

Wir haben uns für die Komfortlösung des ge-nähten Sitzes a la Kite Buggy entschieden. Aller-dings ist dieser Sitz höher als bei den Buggys üb-lich, sodass man den Kopf anlehnen kann.

Am oberen Teil des Bügels kann auch gleich die Öse für den Block der Schot angebracht werden. Es ist auch möglich den Holepunkt für die Schot durch eine Platte tiefer zu legen.

(Siehe Foto Seite 79)

Die oben abgebildeten Rohre haben einen Durchmesser von 30x2 mm.

Mit einem Rohr 25x2 mm kann man diese Rohr-bögen wunderbar verbinden. Dann bohrt man 6 mm Löcher und vernietet diese oder verwendet Federbolzen für die Arretierung. Diese gibt es auch in Edelstahl.

Der Vorteil ist, man kann alles wieder zerlegen, wenn der Sitz nicht so richtig passt. Die 30 mm Rohre kann man dann gut in die 35x2 mm Rohre stecken, die am Rahmen angeschweißt sind.

Es ist auch die Lösung möglich, die Rohre über die am Rahmen geschweißten Rohre zu schieben. Zum Befestigen haben wir die Clips Lösung mit 8 mm Zapfen gewählt.

Die Form des Sitzes kann mit den entsprechenden Rohrbögen selbst gestaltet werden.

Diesen Rohrbogen schiebt man dann in oder über zwei an den Rahmen angeschweißte Rohre.

Dieser Rohrbogen wird dann mit Schaumstoffschläuchen gepolstert. Beim ersten Wagen haben wir Heizungsisolierschläuche gewählt.

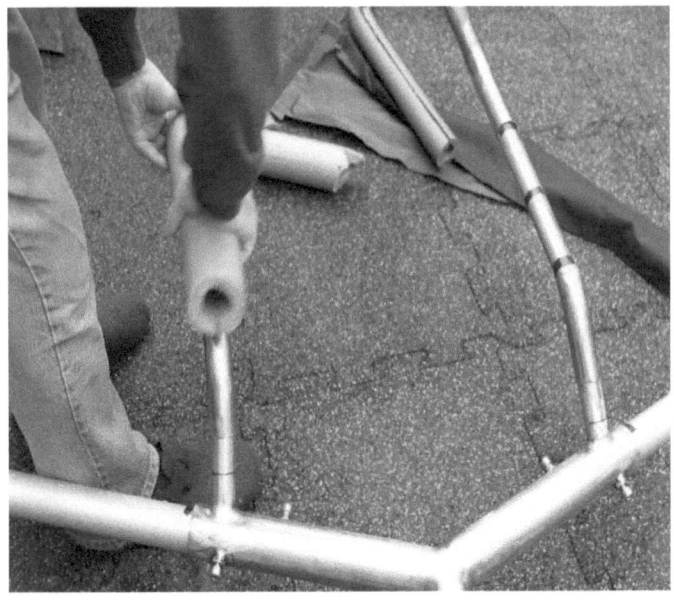

Anschließend wird diese Polsterung mit einem Schlauch aus Cordura mit Klettverschluss überzogen. Cordura ist ein hochfestes Nylongewebe. Es ist das gleiche Material aus dem auch die Innenseite des Sitzes gefertigt wurde.

Über diesen gepolsterten Rohrbogen hängt man dann den Sitz mit Hilfe der Gurte ein.

Den nachfolgend abgebildeten Sitz haben wir uns von Adreas Huß aus Bad Oldesloh fertigen lassen.

Er fertigt hauptsächlich Sitze für Kite Buggys aber auch Sitze für Mini Yachten.

Für den Sitz wurde innen der abriebfestere Stoff Cordura gewählt.

Außen ist der Sitz mit LKW Planenstoff genäht. Eine Tasche für das notwendige Montagewerkzeug ist aufgesetzt.

Sitzschutz

Um den Sitz und sich selbst vor Schäden zu schützen, z.Bsp. Bretter mit Nägeln, wurde unter dem Sitz eine Carbonschale gehängt.

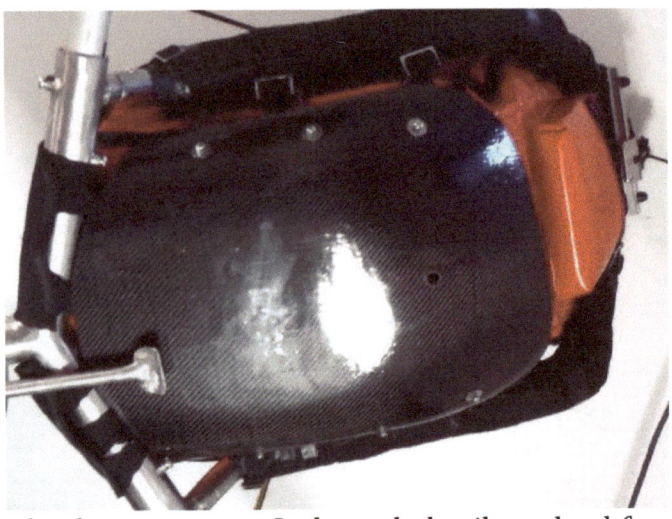

Als Alternative zur Carbonschale gibt es hochfestes, durchstechsicheres Gewebe. Zur eigenen Sicherheit sollte auf jeden Fall ein Schutz vorgesehen werden.

Mast und Segel

Das Rigg, also Mast, Segel und Baum, stellen den Antrieb für unsere Miniyacht dar.

Da das Segel zum Masten passen muss ist also der Segelmacher des Vertrauens gefragt. Diesem gibt man dann eine Biegekurve des Mastens vor.

Es gilt :

Schwerer Pilot harter Masten.

Leichter Pilot weicher Masten.

Eines ist jedoch immer wichtig, der Masten muss bis ca. 2 Meter Höhe sehr stabil sein, da er nur in einem 30 cm Koker geführt wird. Bei manchen Miniyachten sogar weniger.

Mein Vorschlag: Alurohr 50 mm Durchmesser 4 oder 5 mm Wandstärke, 2,5 oder 2 Meter lang und als Oberteil ein Surf-Masttop, sodass man auf 5,3 m kommt. Diese Lösung ist relativ günstig. Für die Klasse 5 müssen die Masten aus zylindrischem Aluminiumrohr gefertigt sein. Es darf kein Kunststoffrohr verwendet werden. Es werden Rohre in den Abmessungen 50 mm Durchmesser mit 2 mm Wandstärke, 45 mm mit 2 mm Wandstärke, 40 mm mit 2mm Wandstärke und 35 mm mit 2 mm abgestuft ineinander gesteckt. Im unteren Teil des Masten werden die Rohre doppelt oder dreifach ineinander geschoben.

So ist für das Körpergewicht die Härte des Masten veränderbar. Da die Miniyachten im Vergleich zur Klasse 5 instabiler sind, jedoch die gleichen Segelgrößen gefahren werden, sollte der Masten flexibler sein. Hier bieten sich Glasfaser oder Carbonmasten an. Dies ist in der Miniklasse erlaubt. Diese gibt es fertig zu kaufen. Auch Surfmasten können verwendet werden. Diese sollten jedoch im unteren Bereich deutlich verstärkt werden. Dies kann mit einem Rohr oder einem Surfmastoberteil erfolgen. Um das Unterteil zu verstärken, kann man dies mit einer mit Epoxydharz getränkten Carbon- oder Glasfasermatte von unten in den Masten hineinschieben.

Den geeigneten Segelmacher findet man im Internet.

Es bietet sich auch an von den Miniyacht Herstellern ein Segel zu kaufen.

Rahmen aus Vierkantrohr

Das Hauptrohr des Rahmens besteht aus einem
Edelstahl Quadratrohr 50x50x3 mm.

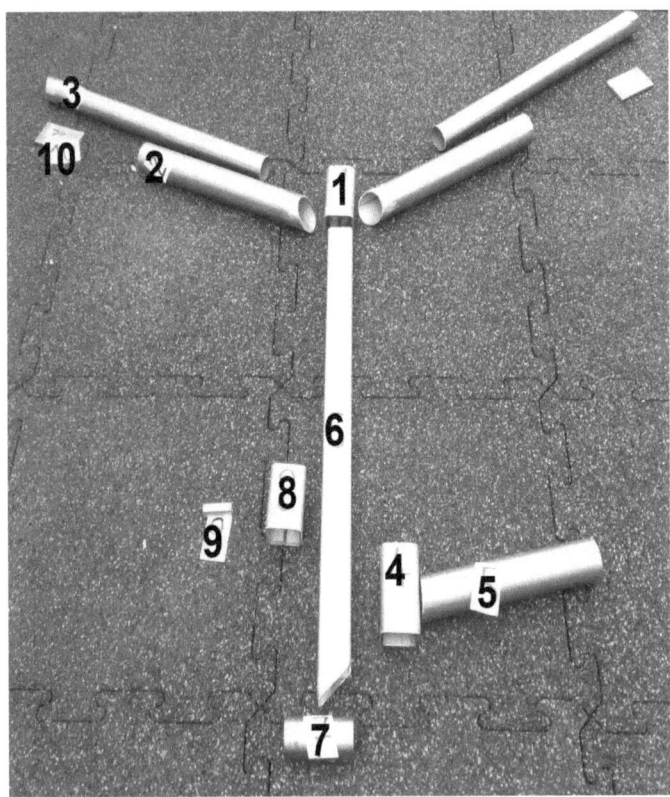

Mit dem Hauptrohr 6 kann die Länge des Segelwagen verändert werden.

1 Achsträger 60 x 60 x 4 mm Quadratrohr

2 Achsrohre 60,3 mm Durchmesser, 2,9 mm Wandstärke 350 mm lang.

3 Achse 50 mm Durchmesser, 2 oder 3 mm Wandstärke 750 mm lang.

4 Kokerkonsole 60 x 60 x 4 mm Quadratrohr 150 mm lang.

5 Koker 60,3 mm Durchmesser, 2,9 mm Wandstärke 300 mm lang.

6 Hauptrohr 50 x 50 x 3 mm Quadratrohr 1500 mm lang (bei langer Ausführung, sonst 1200 mm lang)

7 Steuerkopfhülse 50 mm Durchmesser, 4 mm Wandstärke und 80 mm lang.

Innenhülse 42 mm Durchmesser, Wandstärke 3 mm und 56 mm lang. Als Distanzhülse für die Lager 42 mm Außendurchmesser und 20 mm Innendurchmesser, wird ein 42 mm Rohr von innen angeheftet.

8 Fußsteuerkonsole 60 x 60 x 4 mm Quadratrohr 120 mm lang.

9 Gewindemuffe M12 x50 mm lang

10 Radbefestigung Flacheisen 60 x 8 mm

Dies ist der wesentliche Unterschied zum vorher beschriebenen Rahmen. Dieses Konstruktionsmerkmal ermöglicht Lösungen, die ein Rahmen aus Rundrohr nicht bietet. So können Bauteile wie Mastkoker, Fußsteuerung und die Achsverbindung auf diesem Vierkantrohr verschiebbar angeordnet werden. Zugleich ermöglicht dieses Vierkantrohr eine fast komplette Zerlegbarkeit des Rahmens, da die Teile des Rahmens formschlüssig ineinander gefügt werden können.

An dem Hauptrohr wird nur das Steuerkopfrohr für die Gabelbefestigung fest angeschweißt. Alle anderen Teile sind mit Schrauben geklemmt Diese Lösung hat ein etwas höheres Gesamtgewicht zur Folge, da für die aufgesetzten Teile ein Edelstahl Quadratrohr von 60x60 mm mit einer Wandstärke von 4 mm gewählt wurde. Zudem ist ein Vierkantrohr immer schwerer als ein Rundrohr.

Für die Vorderradgabel wird eine Steuerkopfhülse von 50 mm Durchmesser mit einer Wandstärke von 4 mm und einer Länge von 80 mm im Winkel von 42,5 Grad an das Hauptrohr geschweißt.

Steuerkopf und Lagerung

Ein weiterer Vorteil der abgebildeten Hülsen mit Bund ist eine leichtere Montage der Gabel, ohne dass die Distanzscheiben verrutschen.

Auf diesem Haupt- oder Verbindungsrohr werden alle weiteren Teile wie Koker, Fußsteuerung und Achszusammenführung mit einem Edelstahl Quadratrohr 60 x 60 x 4 mm geschoben und verklemmt. Die Klemmverbindungen sind unterschiedlich ausgeführt.

Der Mastkoker ist mit zwei M12 Schrauben an den Seiten verklemmt. (siehe folgendes Bild)

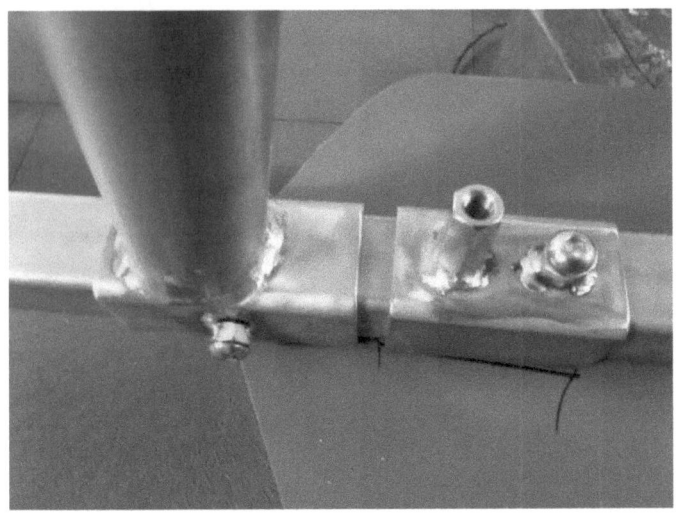

Da zwischen den Vierkantrohren umlaufend 1mm Spiel ist, ist es empfehlenswert 1mm Edelstahlbleche einzufügen.

Die Fußsteuerung wird mit einer M12 Schraube von oben verklemmt. Die Achszusammenführung wird mit zwei M12 Schrauben seitlich und einer M10 Schraube von unten geklemmt. Die Klemmverschraubung wird mit einer angehefteten Mutter und mit durchgeschnittenem Gewinde ausgeführt.

Die Verbindung zwischen dem Hauptrohr und der Achshalterung ist besonders wichtig.

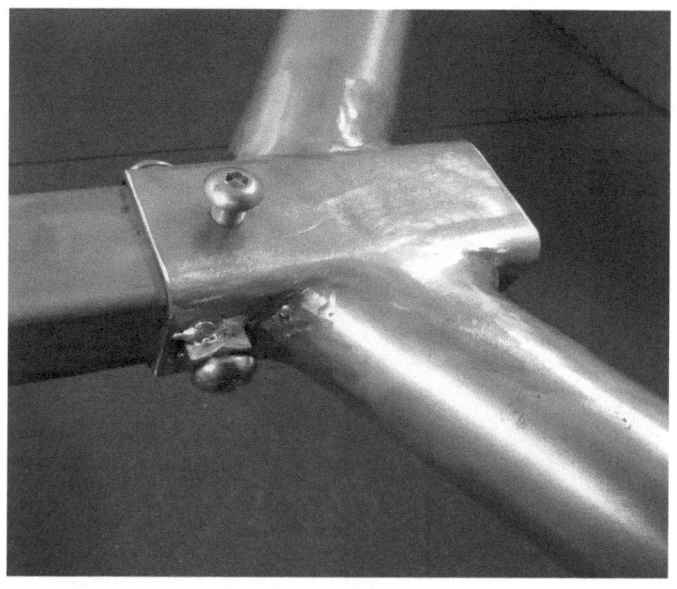

Hier sind drei Klemmschrauben vorgesehen. Eine Klemmschraube ist hinten an der Unterseite angebracht und fixiert die Länge.

Mit den beiden seitlichen M12 Klemmschrauben kann das Hauptrohr zum Achsträger exakt ausgerichtet werden. Die obere Schraube mit durchgeschnittenem Gewinde sichert die Verbindung. Um ein Einbeulen des Quadratrohres beim Festziehen der seitlichen Schrauben zu verhindern, wurde ein Rohr 45 mm Durchmesser mit 3 mm

Wandstärke und 200 mm Länge von hinten ein-
geschlagen.

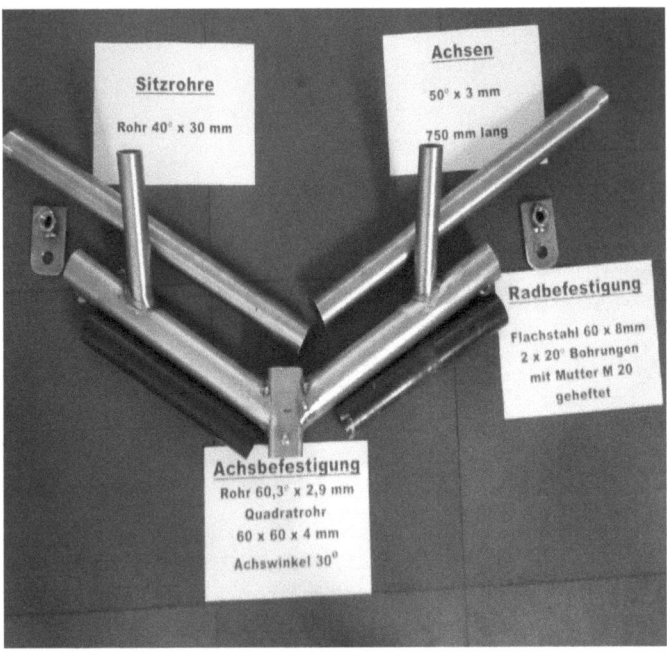

Dieser Rahmen bietet durch das Vierkantrohr
eine Möglichkeit die Rahmengeometrie zu verändern. Die Mastposition kann durch den verschiebbaren Koker verändert werden. Dies wird
dadurch möglich, da der Koker auf ein Quadratrohr geschweißt wurde, welches sich form-

schlüssig auf dem Hauptrohr hin und her verschieben lässt. In der gewünschten Position wird der Koker dann mit zwei Schrauben verklemmt. Dies ist bei dem Rahmen, der im ersten Teil des Buches beschrieben wurde, nicht möglich.

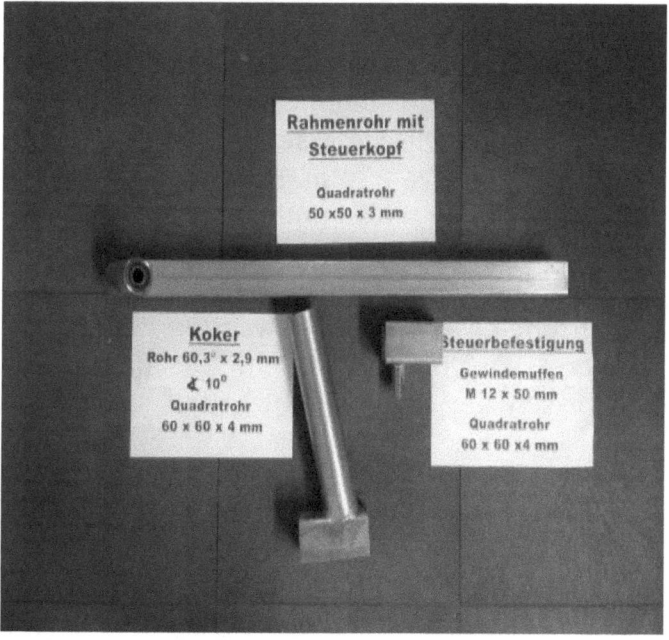

Außerdem bietet das in der Achsbefestigung verschraubte Hauptrohr die Option, den Segelwagen zum Transport weiter zu zerlegen.

An dem Achsträger sind die Sitzrohre geschweißt. Der Sitz und der Achsträger bilden also eine Einheit und passen so in einen Kofferraum.

In diese Einheit werden dann zum Zusammenbau das Hauptrohr gesteckt und geklemmt und verschraubt. Ebenso erfolgt der Einbau der Achsen, die ebenfalls geklemmt sind. Die Achsenrohre haben einen Durchmesser von 50 mm bei einer Wandstärke von 2mm. Bei einem Körpergewicht über 85 kg wird empfohlen 3 mm Wandstärke zu verwenden. Wie schon bei dem ersten Rahmen empfehlen wir ein Kunststoffrohr (Regenfallrohr passt bei den gewählten Rohrdurchmesser genau) in das Achsrohr zu schieben. Ein Festfressen der beiden Rohre wird so vermieden.

Das Hauptrohr mit Vorderrad, Koker und Fußsteuerung kann als eine Einheit verpackt werden.

Der Zusammenbau des Seglers ist so innerhalb von 10 Minuten möglich.

Die Sitzrohre sind an der Achsbefestigung im gewünschten Winkel (hier 30 Grad) angeschweißt. Gewählt wurde 40 mm Durchmesser mit einer Wandstärke von 3 mm. Der Durchmesserausgleich von 4mm zwischen Sitzbügel und Sitzrohr wurde mit einem Kunststoffrohr aufgefüllt.

Kunststoffrohr

Will man Gewicht einsparen reichen auch Sitzrohre 35 mm Durchmesser mit einer Wandstärke von 2 mm. Dann entfällt das Kunststoffrohr.

Koker und Fußsteuerkonsole

Folgendes Bild zeigt die Befestigung des Kokers und der Fußsteuerung. Beide Konsolen können auf dem Vierkantrohr verschoben werden. Für das Kokerquadratrohr empfehlen wir Edelstahlbleche mit 1 mm Wandstärke seitlich einzuschieben, um das Spiel zwischen den Quadratrohren zu verringern. Bei der Konsole der Fußsteuerung ist dies nicht nötig.

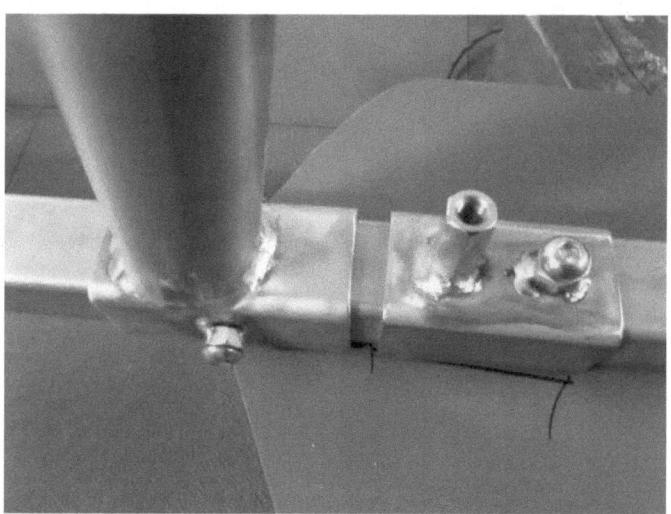

Alternativ kann auch ein Quadratrohr mit einer 5mm Wandstärke gewählt werden. Je nach Qualität der Quadratrohre lassen sich diese übereinander schieben. Nach dem Schweißen kommt es jedoch zum Verzug, sodass Nacharbeitungen erforderlich sind. Man kann auch das Vierkantrohr unten auftrennen und mit einer Flanschverbindung zusammen klemmen. Diese Entscheidung muss jeder selber treffen.

Das nächste Bild zeigt die komplettierte Fußsteuerung mit einer Fußablageplatte, welche mit der Konsole verschraubt ist und mit der Fußsteuerungskonsole verschoben wird.

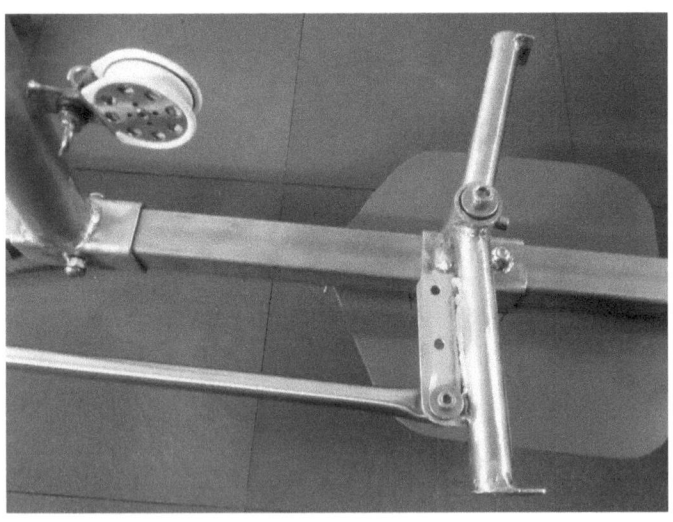

Fußpedale

Hier ein Bild der Fußpedale. Es sind die ver-
schiedensten Gestaltungsmöglichkeiten gege-
ben. Mit den drei Löchern in der Platte der Pedale lässt sich die Übersetzung mit Hilfe der Steuerung verändern. Das Bild daneben zeigt den
Gummi-Metall-Block für die Lagerung.

Ganz wichtig ist es für eine Fußablage zu sorgen.
Durch Abrutschen von der Pedale während des
Fahrens, kann es passieren, dass die Füße beim
Berühren des Bodens nach hinten gerissen wer-
den und dies zu unangenehmen Verletzungen
führen kann.

Dies kann durch Gurte unter der Ferse oder
durch eine Ablageplatte geschehen. Bei der aufgesetzten Pedalkonsole ist die Platte an der Konsole befestigt und wird beim Verstellen der Fußsteuerung mit verstellt.

Steuerstange

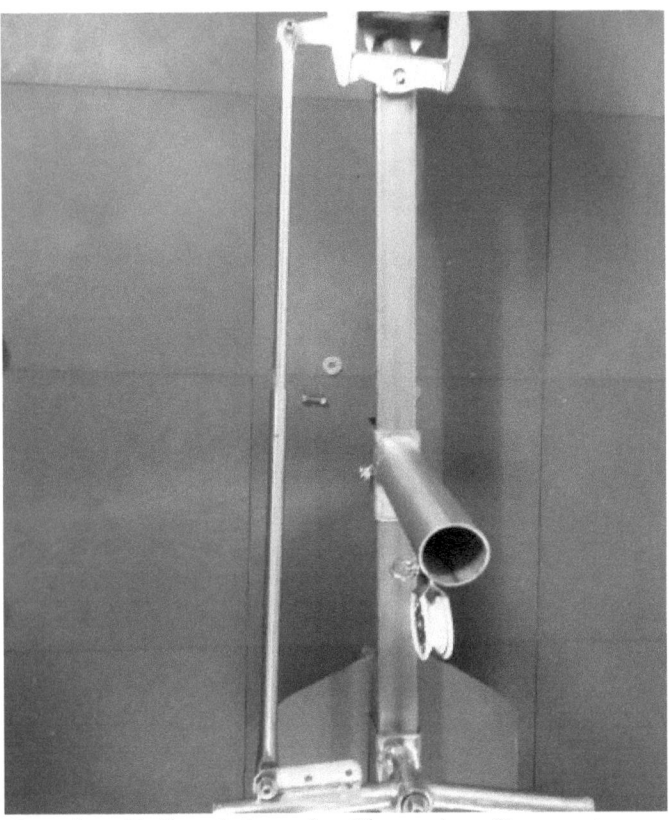

Von der Fußpedale geht über eine Steuerstange
der Lenkimpuls direkt auf die Vorderradgabel.
Durch die Wahl der Bohrung an der Pedale kann
das Übersetzungsverhältnis verändert werden.

Gabel

Bei dem Segler mit Rundrohr haben wir Flacheisen für die Gabel verwendet. Hier wurde Winkelstahl verbaut. Die Lenkgeometrie ist im 1.Teil erläutert.

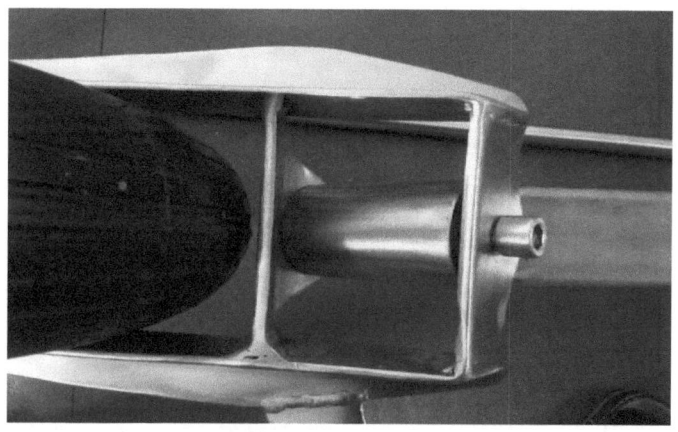

Man kann auch Rohrmaterial verwenden. Am leichtesten lässt sich Flachmaterial verarbeiten. Auch Korrekturen sind durch Biegen leicht möglich. Mit Winkelstahl wird die Konstruktion leichter, Korrekturen sind durch biegen schwerer. Gabeln aus Rohren bedürfen sehr viel handwerkliches Geschick.

Vorderrad und Gabel

Wichtig für das lenkende Vorderrad ist die Lenkgeometrie. Dies wurde schon erwähnt. Das Vorderrad muss immer leicht luven (in den Wind
drehen). Das bedeutet, dass der Durchblickpunkt der Gabel hinter dem Aufstandspunkt des
Rades liegen muss.

Gefedertes Vorderrad

Wer Bedarf an höherem Komfort hat kann das Vorderrad mit einer Federung aufrüsten. Vorgeschlagen wird eine Gummifederung wie sie aus dem Anhängerbau bekannt ist. Die hier zur Anwendung kommende Ausführung ist jedoch bedeutend kleiner, da ja nur ca. 10 kg Gewicht als Belastung anstehen. Für die Klasse3 vorgesehene Ausführung (siehe Foto).

Die Wangen der Gabel werden mit 4 Schrauben befestigt. Hier wurde ein fertiges Element verwendet.

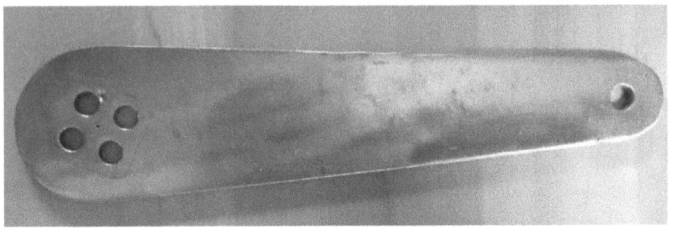

Für einen Klasse 5 Segler wurde diese Ausführung modifiziert und mit einer weicheren Gummimischung abgestimmt. Diese Ausführung ist auch für eine Miniyacht geeignet. Diese Art der Federung benötigt keine Dämpfung, da die Reibung ausreichend dämpft.

Dies soll nur als Anregung dienen. Man sollte immer berücksichtigen, dass eine Federung auch Einfluss auf die Lenkgeometrie hat. Starkes Einfedern hätte verstärktes Luven zur Folge.

Dies ist wieder eine persönliche Entscheidung des Aufwands, den man treiben will. Etwas weniger Reifendruck auf dem Vorderrad erhöht den Fahrkomfort ebenfalls.

Die Wangen der Gabel sind hier mit einem ange-
schweißten Flacheisen verbunden. Oben und unten sorgen zwei Teflonstreifen für gutes Gleiten
und seitlich ist die Gummipolsterung eingescho-
ben. Durch den verschraubten Deckel können
die Gummistreifen gewechselt werden.

Bremse

Das folgende Bild zeigt die Befestigung für die Kratzbremse.

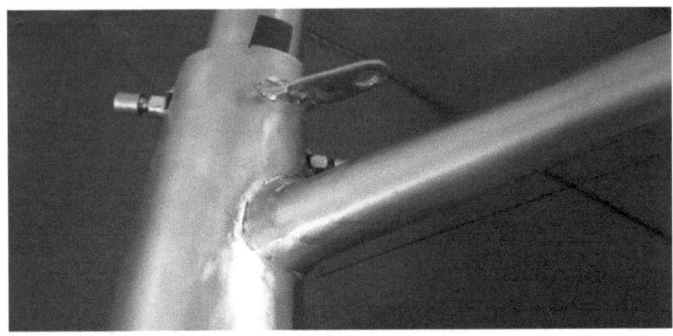

Da ein Strandsegler zum Verringern der Geschwindigkeit das Segel killen lässt und eventuell das Segel back hält, hat die Kratzbremse nur eine nachfolgende Funktion. Nichts desto trotz ist eine Bremse für jeden Strandsegler vorgeschrieben. Die Wirkung hängt im Wesentlichen von der Größe der Schaufel und dem Hebel ab. Die Kratzbremse kann auch eine Hilfe sein, wenn durch zu starkes Flattern des Segels der Segelwagen nicht mehr lenkbar ist und man die Geschwindigkeit verringern will.

Hergestellt ist sie aus einem Edelstahlrohr 20 oder 25 mm Durchmesser mit 2 mm Wandstärke. Als Drehpunkt und Aufhängung ist ein Flacheisen, hier 4 mm Stärke und etwa 40 mm Breite, mit einem 10 mm Loch angeschweißt. Eine solche Lasche muss auch am Achsträger angebracht werden. Als Verschraubung kommt eine Schraube M10 mit Mutter zum Einsatz. Zwischen dieser Verschraubung kommt eine Gummischeibe zur Verklemmung zum Einsatz.

Sitz

Beginnen wollen wir mit dem Sitzbügel für den Sitz. Da es schwer ist den Bügel komplett zu kaufen, ist es sinnvoll sich diesen aus Einzelteilen zu fertigen. Diese Bögen bekommt man im Metallhandel. Die Rohrbögen gibt es auch in 30 und 90 Grad. So ist es möglich sich eine eigene Rohrgeometrie zu fertigen. Die Rohrbögen sind aus Edelstahl. Die von uns gewählte Neigung ist 30 Grad. Dies ergibt mit dem Sitz eine relativ aufrechte Sitzposition.

Will man mehr liegen, muss der Winkel flacher gewählt werden. Dies erfordert auch einen flacher geschnittenen Sitz.

Hier wurde der Sitzbügel mit den Rohrverbindern zusammengesteckt und geschraubt oder genietet. Dies ermöglicht auch noch spätere Änderungen.

Hier ein Bild mit den erforderlichen Einzelteilen für den Sitzbügel. Der obere Bogen ist aus zwei 45° Bögen und der zweite Teil aus zwei 60° Bögen. Alle Bögen haben einen Durchmesser von 30 mm und eine Wandstärke von 2mm. Zur Achszusammenführung führen zwei 685 mm lange Rohre mit einem Durchmesser von 30 mm.

Einzelteile Sitzbügel

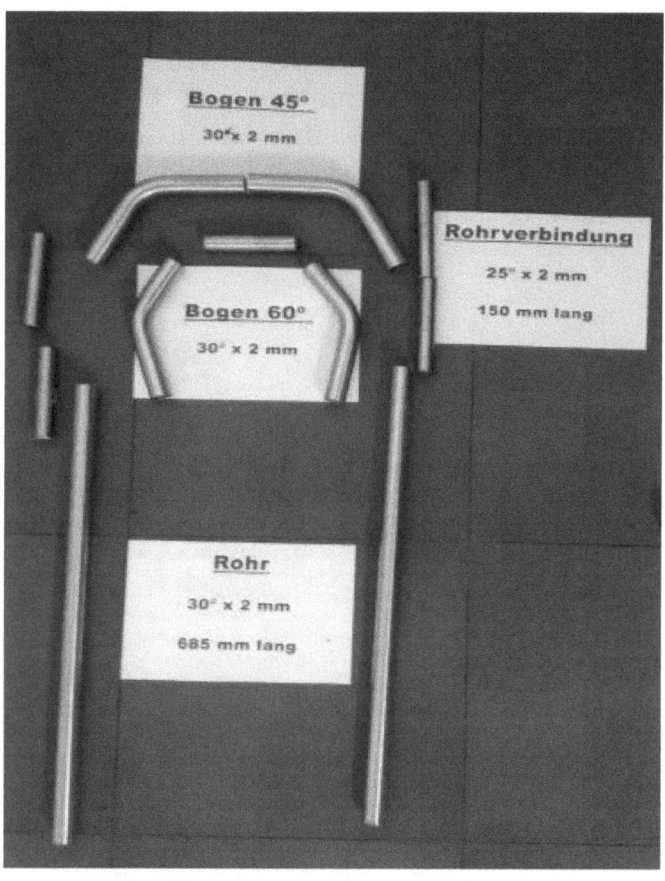

Zusammengebaut ergibt sich das folgende Bild.

Am oberen Teil des Bügels wurde ein Bügel für die Schotrolle verschraubt. Diese Verschraubung verbindet auch gleich die beiden Sitzbügelhälften. Wenn man den Holepunkt der Schot tiefer verlegen will, verschraubt man an dieser Stelle ein Flacheisen mit Schrauben M8. In dem Kapitel Schotführung wird hier noch einmal genauer darauf eingegangen.

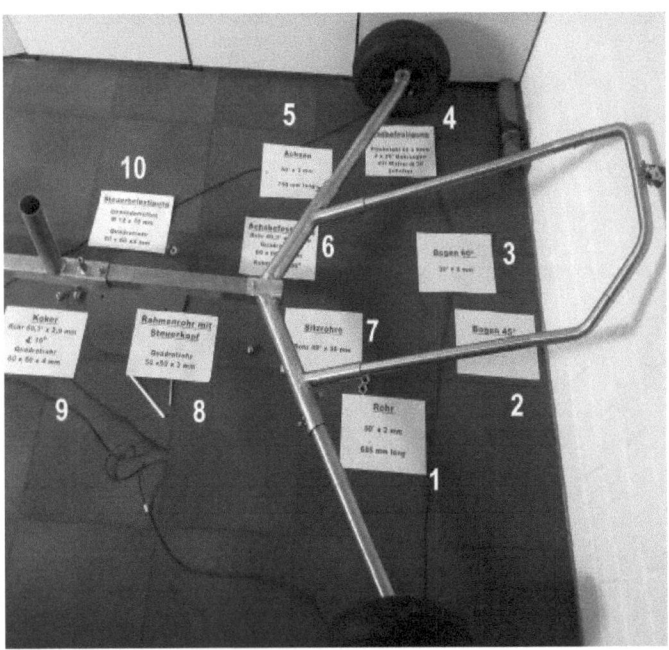

Sitzbügel bestehend aus:

1. 2 Stück Rohre 30 mm Durchmesser 2 mm Wandstärke und 685 mm lang.

2. 2 Stück Rohrbögen 45° 30 mm Durchmesser und 2 mm Wandstärken

3. 2 Stück Rohrbögen 60° 30 mm Durchmesser und 2 mm Wandstärken

4. 2 Stück Flacheisen 60 mm x 8 mm für die Radbefestigung

5. 2 Stück Achsrohre 50 mm Durchmesser , 3 mm Wandstärke und 750 mm lang.

6. 2 Stück Achsrohre 60,3 mm Durchmesser, 2,9 mm Wandstärke und 350 mm lang

7. 2 Stück Sitzrohre 40 mm Durchmesser, 3 mm Wandstärke und 200 mm lang

8. 1 Stück Rahmenrohr 50 x 50 x 3 mm quadratisch 1500 mm lang.

9. 1 Stück Koker 60,3 mm Durchmesser , 2,9 mm Wandstärke 300 mm lang

10. Steuerkopf Sechskant M12 Gewindebolzen auf Quadratrohr 60 x 60 x 4 mm

Sitzgestaltung

Um den Sitz zu entwerfen, empfiehlt es sich die Form des Sitzes mit Pappschablonen darzustellen. (siehe folgendes Bild). So bekommt man einen ersten Eindruck vom Segelwagen. Mit diesen Schablonen haben wir uns von Andreas Huß einen Sitz anfertigen lassen.

Kontakt: Andreas Huß Kite-Attack

23843 Bad Oldesloe

Sitz vor Montage

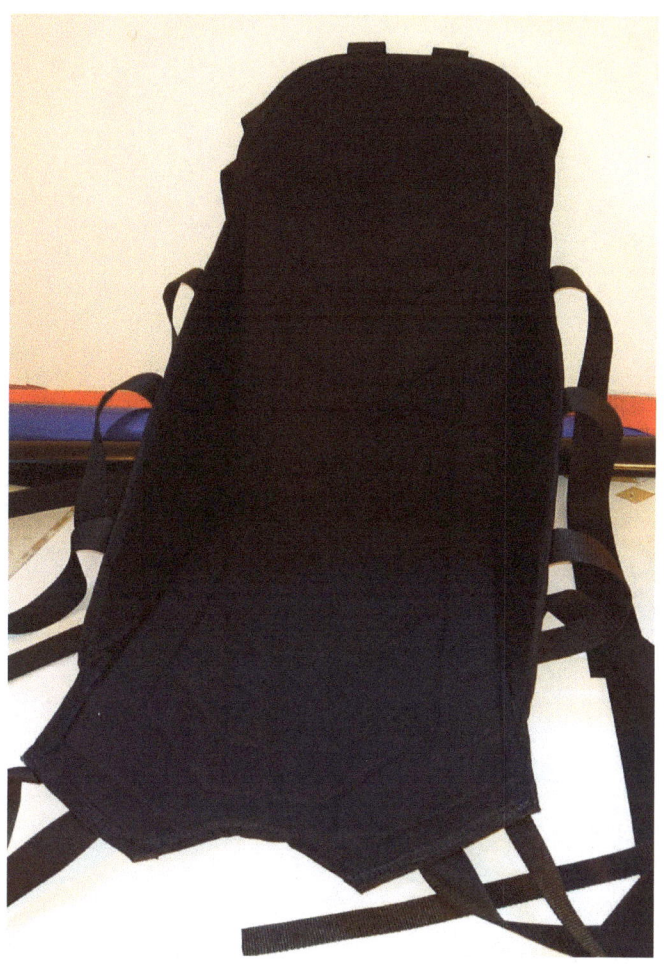

Sitz von hinten mit Werkzeugtasche

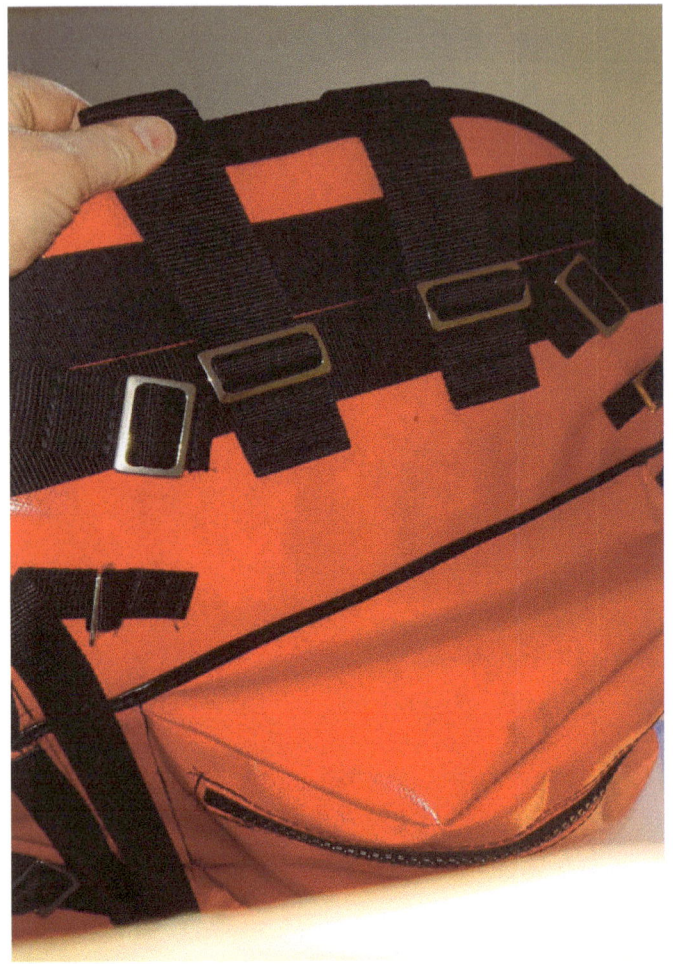

Bügel mit Polsterung

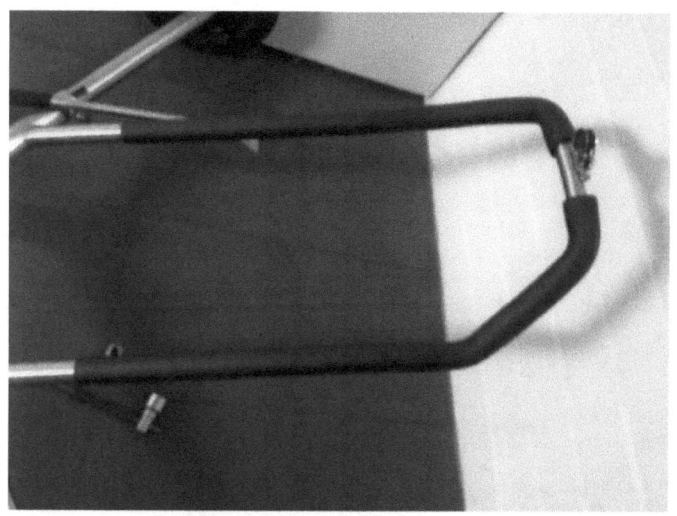

In der obigen Abb. ist der Bügel zur Polsterung mit einem Schaumstoffschlauch überzogen worden. Gewählt wurde hier ein Trampolin-Schutz-schlauch 28 mm Innen- und 46 mm Außen-durchmesser.

Über diesen Schaumstoffschlauch kommen noch zwei Abdeckschläuche aus Cordura mit Klettver-schluss. Anschließend wird der Sitz mit Gurten befestigt.

Sitz mit Gurten befestigt

Die Miniyacht von schräg hinten

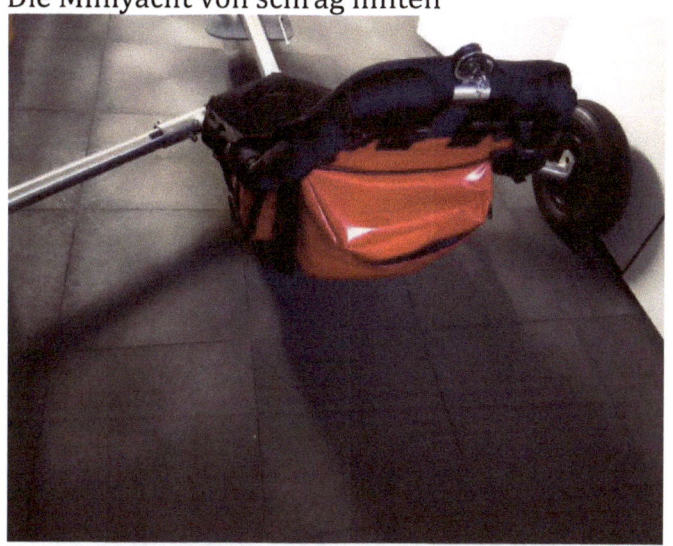

Sitz von der Seite

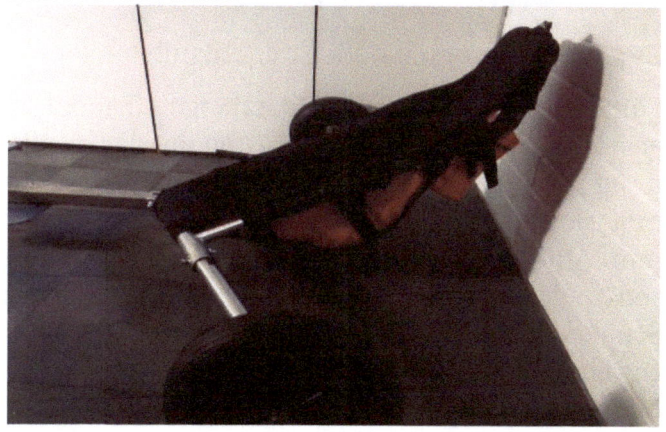

Masttop

Der Masttop ist für die Befestigung des Segels am oberen Masten erforderlich.

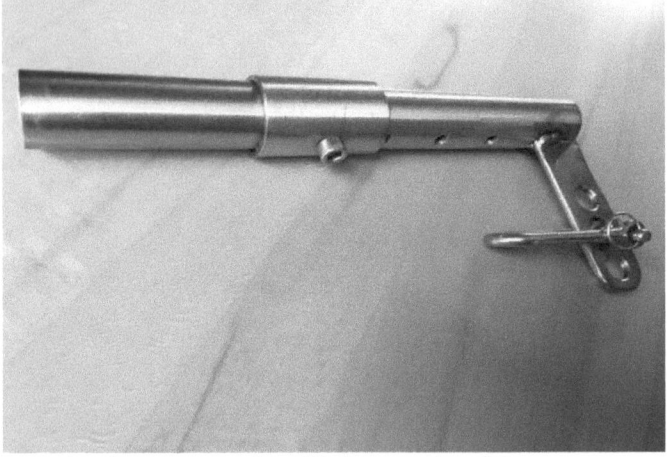

Es gibt die unterschiedlichsten Ausführungen.

Für eine Möglichkeit die Mastlänge variabel zu gestalten wurde die Ausführung in der Abbildung gewählt. Diese besteht aus einem Rohr 25 mm Durchmesser mit einer Wandstärke von 2 mm. Am oberen Ende ist ein gebohrtes Flacheisen angeschweißt. An diesem wird mit einem Schäkel oder Lochblech das Segel befestigt. Durch eine verschiebbare Hülse, 30 mm Durchmesser und 2 mm Wandstärke, wird der Masttop in der Höhe verstellbar.

Baum

An den Baum des Segels werden keine besonderen Anforderungen gestellt. Das Segel wird am hinteren Ende des Baums dicht geholt und vorne wird die Umlenkrolle als Cunnigham oder besser als Vorliekstrecker benutzt. Es wirken also keine Kräfte auf den Baum. Man kann also ein Top vom Surfmasten als Baum benutzen. Will man den Knarrblock in Mitte des Baumes befestigen, sollte der Baum kräftiger sein. Hier wird beim Thema Schotführung noch näher eingegangen.

Verwendet man eine durchgehende Ösenschraube mit Ösenmutter kann man oben mit einem Schäkel das Segel und unten eine Umlenkrolle einhängen, ohne dass Kräfte in den Baum eingeleitet werden. Um mit loserem Unterliek zu fahren ist eine zweite Bohrung am hinteren Ende des Baumes erforderlich. So kann man durch Umsetzen der hinteren Verschraubung eine Wölbung ins Unterliek bringen. Möglich sind natürlich auch Verstellungen über Klemmen und Rutschern oder Hebelverstellungen. Dies sind jedoch alles Dinge, die man nach den eigenen Wünschen später realisieren kann, da sie nicht zwingend erforderlich sind.

Segel

Viel hilft viel gilt für das Segel beim Strandsegeln nicht. So ist die absolute Größe des Segels nicht alleine entscheidend für die Fahrleistungen eines Strandseglers.

Da der größte Teil des Vortriebs aus dem Fahrtwind resultiert, muss dies berücksichtigt werden. Ein Beispiel: Fährt man mit einem Segel von 6,5qm gut an, wird man feststellen, dass nach Erreichen einer gewissen Geschwindigkeit das Segel nicht mehr optimal dicht geholt werden kann. Das bedeutet, dass das Segel im oberen Bereich flattert. Dieser Bereich des Segels bremst und verhindert damit eine höhere Geschwindigkeit.

Das Problem ist letztlich nur das Anfahren, da hier bei einer Miniyacht kein Fahrtwind anfällt. Im Gegensatz zu den anderen Segelwagenklassen, die angeschoben werden, ist es schwierig den Mini alleine anzuschieben. Es ist also umso wichtiger das Profil des Segels so einzustellen, dass die Unterdruckseite des Segels wirksam wird. Damit können einige Quadratmeter Segelfläche kompensiert werden. Hierzu schauen wir auf das Segel. Holt man das Segel mit der Schot etwas dichter wird man feststellen, dass die Masttasche durch die Segellatten nach vorne geschoben wird. Schaut man sich die Vorderseite des Segels jetzt an, stellt man fest, dass eine saubere Anströmung des Profils auf der Rückseite des Segels nicht möglich ist und daher auch kein Unterdruck für den Vortrieb zu Verfügung steht. Um nun einen harmonischen Übergang von der Masttasche zum Segel zu erreichen müssen die Segellatten im vorderen Teil stark verjüngt werden, damit diese sich vorne stark biegen und der Übergang zur Masttasche sauber verläuft. Nun wird der Segelwagen auch bei leichterem Wind anfahren. Diese Verjüngung der Segellatten hat einen weiteren positiven Einfluss. Da der Segeldruckpunkt nach vorne wandert, steigt der Wagen später, er wird also effektiver beschleunigen. Durch die Mastbiegung bei voll durchgesetztem Segel wirkt sich die Verjüngung der Latten im vorderen Bereich bei hohen Fahrgeschwindigkeiten nicht aus. Die Wölbung im Vorliek wird durch die Mastbiegung eliminiert.

Schlussfolgerung für Strandsegler: Der Fahrwiderstand wird so durch den erzeugten Luftwiderstand der größeren Segelfläche erhöht, da diese keine Wirkung mehr hat. Ein kleines Segel mit gutem Profil ist immer besser als ein großes Segel, welches bei entsprechender Windstärke schwieriger zu kontrollieren ist.

Wenn man von unten in das Segel schaut muss der tiefste Punkt des Segelprofils in der vorderen Hälfte des Segels sein. Ist dies nicht der Fall sind die Segellatten nicht profiliert oder das Segel ist nicht gut geschnitten.

Schotführung

Die Schot wird bei der Miniyacht üblicherweise am oberen Sitzbügel gefahren. Das Seil zum Dichtholen wird über eine Rolle und einen Knarrblock geführt. Das Vorliek wird hiermit gleichzeitig gespannt. Wir empfehlen eine dreifach Übersetzung. Also ein Block mit Bügel am Sitzbügel und eine Doppelrolle am Baum. Bei der für die vorgeschriebenen zweifach Übersetzung sind die Zugkräfte relativ hoch.

Hier wurde mit einer angeschraubten Sockel-
platte der Block mit Bügel unterhalb des Sitzbü-
gels verlegt. Dies ermöglicht den Sitzbügel so
hoch zu machen, dass der Kopf geschützt ist und
die Schot trotzdem noch dicht gefahren werden
kann. So kommt der Kopf nicht mit der Schot in
Kontakt.

Auf dem nächsten Foto ist die Führung der Schot
über die vordere Rolle am Baum dargestellt, die
den Zug auf das Vorliek aufbaut.

Hat man am Sitzbügel eine Doppelrolle verbaut, darf man, wenn der Segler vermessen werden soll, keine weitere Umlenkrolle verbauen. In diesem Fall müsste die Rolle am Baum vorne entfallen und der Knarrblock in der Mitte vom Baum angebracht werden. Die Regel für Miniyachten besagt, dass nur 4 Rollen verwendet werden dürfen. Für den Freizeitsegler ist dies unerheblich.

Segelwagen komplett mit 4 qm

Segelwagen komplett mit 5 qm

Der Vorbau wurde hier bewusst 30 cm länger gewählt um mehr Kippstabilität und einen verbesserten Geradeauslauf zu haben.

Kürzt man das Hauptrohr um 30 cm entspricht der Segelwagen einer Miniyacht 5.6. Dies ist bei der Quadratrohr-Konstruktion sehr leicht möglich. Dazu schiebt man den Koker und die Fußsteuerung inklusive Fußablageplatte 30 cm nach vorn und flext am Ende 30 cm ab.

Ausgeführt wurde eine lange Variante bei der zerlegbaren Quadratrohrausführung, da diese sich trotzdem gut verstauen lässt.

Für die Segler, die zum Spaß und nicht an Wettfahrten teilnehmen wollen, wird die längere Ausführung empfohlen. Mit der größeren Länge ist ein ruhigeres Fahrverhalten verbunden.

Bei Testfahrten hat sich herausgestellt, dass der Segler mit dem quadratischen Hauptrohr und dem verschraubten Koker und Sitzelement elastischer ist als der komplett geschweißte Rahmen. Durch das längere quadratische Hauptrohr ist die seitliche Neigung des Mastens bei Böen ausgeprägter, was zu einem ruhigerem Fahrverhalten führt. Der Segelwagen segelt sich weniger aggressiv, was einem Anfänger entgegen kommt. Es ist natürlich möglich durch höhere Wandstärken, zulasten des Gewichts, den Segler steifer zu gestalten. Wenn man Regatten segeln will, ist es empfehlenswert die geschweißte Variante zu wählen.

Schlusswort

Mit den beiden vorgestellten Varianten kann man sich nun den Segler bauen, der den eigenen Vorstellungen am meisten entspricht.

Die Variante mit dem quadratischen Hauptrohr und der Zerlegbarkeit des Rahmens ist für den Transport am besten geeignet. Auch in der Herstellung ist er einfacher.

Der komplett verschweißte Rundrohrrahmen ist steifer, jedoch durch die Rundungen, die geschliffen werden müssen, aufwendiger in der Herstellung.

Es ist sicherlich nicht möglich alle Fragen zu beantworten, da auch die Vorstellungen , Wünsche und Fähigkeiten der Menschen sehr unterschiedlich sind.

In der Hoffnung für den Selbstbauer brauchbare Bauanleitungen zusammen gestellt zu haben, möchte ich schließen.

Wer Interesse hat sich über Strandsegelklassen, Technik und Regeln zu informieren, möchte ich auf mein Buch „Strandsegeln " von 2020 hinweisen.

MIX

Papier | Fördert
gute Waldnutzung

FSC® C083411

Zeitfracht Medien GmbH
Ferdinand-Jühlke-Straße 7
99095 Erfurt, Deutschland
produktsicherheit@kolibri360.de